174. (Par M. Lugan de Larosérie, maire de Vielmur [Tarn], d'après Barbier.)

RÉFLEXIONS

SUR

LA NATURE ET LA LIMITE

DES

POUVOIRS POLITIQUES,

EN FRANCE;

PAR M. L. DE L.,

MAIRE DE LA VILLE DE V.

A PARIS,

CHEZ LAURENT-BEAUPRÉ, Libraire, au Palais-Royal, Galerie de Bois;

Et chez tous les Marchands de Nouveautés.

1814.

RÉFLEXIONS

SUR LA NATURE ET LA LIMITE

DES

POUVOIRS POLITIQUES

EN FRANCE.

En ce moment où les plus grands intérêts de la Nation sont agités, quel cœur vraiment Français peut rester froid dans l'attente de l'acte important qui se prépare et va fixer à jamais nos destinées? Qui peut contenir sa pensée, ses espérances, ses desirs?

Le Souverain, aidé d'hommes éclairés qu'il a choisis dans les corps en qui résident les principaux pouvoirs, va présenter à la Nation une Constitution fondée sur les principes invoqués par elle, et que lui-même a reconnus par la plus noble et la plus franche déclaration.

Tout est rassurant dans un pareil concours, et semble dispenser les simples particuliers d'ajouter leur opinion à celles de tant d'hommes habiles, expressément chargés de ce travail; et rien ne pouvant marcher en concurrence avec celui que produira une si imposante réunion, ce serait blesser les lois de toutes les convenances que d'offrir simultanément le plan d'une Constitution : tel n'est donc pas mon dessein.

Mais il est des points contestés et très-vivement débattus dans le monde, ainsi que l'a prouvé la publication du projet constitutionnel du 6 avril, sur lesquels il est évident que l'extrême divergence des avis, quoique partant de principes à peu près communs et uniformes, ne provient que de ce que, ou le plus grand nombre ne réunit pas assez de notions sur ces matières, objets de tant d'intérêt, ou de ce qu'il ne suit pas dans la méthode de les lier, et d'interroger les principes, la marche indiquée par l'expérience, et tracée dès longtemps par nos plus habiles publicistes. Il serait heureux et flatteur, en guidant ces recherches, de concilier tant d'avis dont la vivacité même ne saurait être blamée quand il s'agit de pareils grands intérêts. C'est ce que je vais tenter.

La France avait-elle une Constitution?

Le nom de Constitution a été restreint de nos jours à une acception particulière; il désigne maintenant une espèce de Code où sont renfermés les principes et les maximes sur lesquels se fondent les lois de l'Etat et les statuts qui déterminent les principaux rapports d'une société politique.

Mais puisque nul Etat ne peut subsister sans avoir ses lois, ses usages, ses maximes qui lui sont propres, qui forment l'esprit de son Gouvernement, et qui dirigent sa marche politique, il est clair que la France, comme les autres pays, avait une espèce de Constitution, laquelle pourtant n'était écrite nulle part ni n'aurait pu l'être; car elle a perpétuellement changé; et c'est à quoi ne font pas assez d'attention ceux qui sont d'avis qu'on pourrait se dispenser d'en faire une.

Combien de voix, depuis deux mois, n'ont cessé de répéter : « Que cherchez-vous ? » encore une Constitution? tant d'essais » infructueux ne vous ont pas ouvert les

» yeux? Revenez à l'ancienne ; elle vous a » bien servi et suffi pendant 1500 ans, etc. »

C'est ainsi qu'avec beaucoup d'esprit et même de sens, on peut mettre les préjugés de son cœur à la place de sa raison et des lumières de l'expérience.

N'embarraserait-on pas beaucoup ces gens-là en leur demandant : « A quelle époque de » cette Constitution voulez-vous qu'on en » revienne ?

Changemens continus, et progres du systême politique de la France.

Ce n'est pas sans doute au temps où les grands vassaux de la couronne faisaient trembler sur son trône, le chef qui n'avait au-dessus d'eux que le titre périlleux de Roi.

Ni à celui où, après les croisades, les villes achetèrent chèrement des hauts barons ruinés, leurs franchises, et s'unirent entre elles par une confédération fondée sur la crainte du pillage, et sur les besoins du commerce.

Ni à celui encore où Louis le Gros conférait à ce régime municipal toutes les prérogatives de la souveraineté, pour les opposer à celles des Seigneurs qui lui étaient bien autrement redoutables.

Ni même à celui où Louis XI poursuivait sans relâche l'abaissement de ces grands si remuans, si ambitieux, si enclins à déchirer l'Etat, en haine de l'autorité royale, et pour leurs rivalités particulières.

Ni enfin à celui où le cardinal de Richelieu portait les derniers coups à leur puissante influence, toujours dangereuse pour le Roi, toujours fatale au repos des peuples.

La Constitution changeait, comme changeaient les élémens qui composaient la Nation. L'affaiblissement des seigneurs, l'accroissement du peuple, et l'introduction du Tiers aux Etats, y établissent de si grandes différences, qu'à ceux de 1355, l'esprit dominant était plus démocratique qu'il ne l'a été à aucune époque de la monarchie.

Quand Louis XIV eut résolu de se passer d'Etats-Généraux, les Parlemens prétendirent les représenter au *petit pied*; ils saisirent une portion de l'autorité législative. Leurs droits et leurs pouvoirs, souvent méconnus, toujours contestés, furent sujets encore à plus de variations. Ils s'élevaient quand les princes étaient faibles, mais la puissance de ceux-ci paralysait ces Corps à leur tour. C'est ainsi que le Parlement qui osa bannir le dauphin de France, Charles VII, procéder criminellement contre Henri III, qui voulut exclure à jamais du trône Henri IV, vit ses principaux membres exilés, sans secousse et même sans aucune marque d'intérêt public, par le vieux cardinal de Fleury, parce qu'il avait refusé d'enregistrer la bulle *Unigenitus*. On ne pourrait donc songer aujourd'hui à rétablir le Parlement, sans fixer ses pouvoirs, et lui donner à lui-même une Constitution.

Peut-on ramener la France à l'état où elle était en 1789.

L'époque précise de 1789 offre-t-elle un état plus fixe ? Si l'on en juge par le grand nombre d'oscillations qu'elle a éprouvées, il est difficile de le croire. La France suivait alors, comme auparavant, sa marche progressive ; et le mouvement qu'avait l'esprit public ne permettait plus de s'arrêter, tant que le but n'était pas atteint. C'est ainsi que la plupart des Etats de l'Europe ont aujourd'hui une tendance visible vers les principes qu'a posés dans son Gouvernement une nation célèbre, à qui nous devons la plus belle part de nos lumières politiques. Par conséquent, revenir à 1789, n'est ni plus utile, ni plus aisé. Rétablir les Parlemens, leur influence équivoque, leurs droits contestés ; faire du Clergé un corps de l'Etat, lui rendre la dîme qui de fait enlevait le cinquième des récoltes, puisqu'elle était prélevée sur le produit brut, sans déduction des frais d'exploitation ; anéantir les nouveaux titres, rendre à l'ancienne noblesse ses priviléges si onéreux pour le peuple ;

redonner subitement à la Nation des habitudes oubliées depuis vingt ans ; arracher l'épée des mains de quatre cent mille plébéïens qui ont la conscience de leur force, et qui peut-être s'exagèrent leurs droits, je le demande à tout homme sensé, cela est-il praticable ?

La crise révolutionnaire de 1789 vint accélérer avec violence cet insensible mouvement de la machine politique, et lui fit parcourir avec une effrayante rapidité tous les degrés du cercle où se faisait lentement cette révolution. Les principes trop populaires de l'Assemblée constituante, une seule chambre donnée pour contrepoids unique au pouvoir monarchique, chambre où tous les partis luttaient sans frein, enfantèrent bientôt l'Assemblée législative, presque entièrement démagogique, laquelle, à son tour, produisit l'anarchique et furieuse Convention. Ne pouvant aller plus loin, il fallut bien songer à rétrograder. On parcourut, mais plus lentement, en sens inverse, les distances qu'on venait de franchir; on retourna à la royauté, sans être encore bien désabusé, sans en sentir ni les avantages, ni les limites, ni les vraies prérogatives,

Bientôt un Directoire impuissant de cinq

hommes fût remplacé par un Consulat plus vigoureux, de trois seulement; et enfin, quand on s'aperçut que tout cela n'était pas le pouvoir nécessaire pour donner la juste action aux lois, on laissa ce pouvoir se former et croître sans mesure dans la personne d'un seul et commettre par lui, avec impunité, tous les excès réservés au pouvoir arbitraire.

Vices du sénatus-consulte du 20 floréal an 12,

Non qu'il ne fût balancé, en apparence, par de puissans contrepoids; mais une seule faculté, laissée mal à propos dans ce système, le corrompit en peu de temps. C'était au vrai, une singulière Constitution que celle qui avait pour principe de n'en avoir aucun; qui portait en elle le germe de tous les changemens; qui modifiait, augmentait, restreignait d'un jour à l'autre les pouvoirs des grands corps de l'Etat; qui tenait la Nation dans l'attente perpétuelle de nouvelles institutions, et qui, pour tout dire en un mot, donnait l'air et la forme des lois aux caprices d'un despote. Tels étaient cependant, les funestes effets du droit illimité, qu'avait le chef de l'Etat, d'envoyer des projets de Sénatus-consulte, à la sanction d'une autorité essentiellement dépendante, trop faible pour résister, mais dont la faiblesse donnait trop de poids à l'obéissance.

Si la balance des pouvoirs n'est pas une

chimère, on comprendra bientôt pourquoi le dernier Gouvernement, avec tant de force, n'eut pas une plus véritable solidité que celui qu'avait fondé l'Assemblée constituante. Deux pouvoirs en regard et jaloux ne peuvent subsister ; l'un des deux absorbera l'autre. Une Assemblée nationale seule était trop forte contre le Roi ; son excès de pouvoir fut se confondre dans l'anarchie. Quand Bonaparte, par le moyen des Sénatus-consultes, fut venu à bout de se passer du Corps législatif, il se trouva tout de suite plus fort que le Sénat, et l'accablement de celui-ci, en délivrant le chef de tout frein, l'entraîna bientôt vers sa perte. Il s'abîma dans le despotisme.

et de la Constitution de 1791.

La France reste fixée à de certains principes ; bases de toutes ses Constitutions.

Voilà, il est vrai, bien des tentatives malheureuses ; mais il faut observer que ces incertitudes et ces tâtonnemens n'ont pour objet que la limite des pouvoirs, toujours si difficile à poser. Il est, au contraire, des principes certains et invariables, auxquels la France est demeurée inviolablement attachée au milieu de tant de doctrines flottantes. Ce vœu permanent est devenu en quelque sorte sa conscience politique : on la découvre dans toutes ces Constitutions, quelles que soient les différences qui les caractérisent, et ces principes sont aujourd'hui le point de ralliement des peuples civilisés et de ceux qui cherchent à le devenir. — C'est :

La représentation nationale,

La balance des pouvoirs,

La liberté individuelle et politique,

La liberté de la presse.

Ces principes sont contenus dans la déclaration du Roi.

Ils sont heureusement consacrés par la déclaration royale du 4 mai 1814.

Il est déjà reconnu et fixé par cette déclaration que le Pouvoir législatif se forme du concours des trois autorités : le Roi, le Sénat, le Corps législatif ; il ne peut rester de doute que sur le mode de formation des deux dernières, sur les limites des fonctions de toutes.

Qui doit nommer le Sénat ?

La chambre des Pairs tenant le milieu entre le peuple et le Roi, chargée de maintenir l'équilibre de ces deux pouvoirs dont elle procède également ; partageant les prérogatives de l'un et de l'autre ; placée avec des intérêts différens entre leurs divers intérêts, comme une barrière impénétrable pour les empêcher de se choquer et de s'envahir réciproquement, il semble que le Corps législatif et le Roi auraient un droit égal, et même une obligation semblable à sa formation. Néanmoins, en considérant que le Sénat ne peut sortir que du sein du peuple (1), on jugera que c'est au Roi à l'en tirer ; car les élémens de ce corps seraient trop démocratiques, si, à sôn origine, à ses alliances, au besoin de la faveur publique qu'il éprouvera toujours, il joignait encore la reconnaissance du choix populaire ; ou si l'espoir de ce choix, devenant le but de l'ambition d'un plébéïen, l'excitait à flatter les passions du peuple, pour y parvenir.

Dans tout ce qui ne tient point à la formation des lois, le Roi est l'organe nécessaire

---

(1) Le nom de noble existe encore, et la noblesse n'existe plus. En d'autres termes, il y a des hommes titrés, il n'y a plus de corps privilégié. Quel rapport y a-t-il entre des titres simplement honorifiques, et des titres joints à des priviléges? Pour l'ancienne noblesse, le titre n'était que l'indication des droits ; pour la nôtre, le titre est tout.

De même que la valeur de l'argent baisse par la multiplication des espèces, de même aussi l'importance que l'on attache aux distinctions honorifiques, s'affaiblit à proportion qu'elles deviennent plus communes. La révolution a doublé le nombre des citoyens titrés, par conséquent un titre ne vaut plus ce qu'il valait autrefois.

Tous ceux qui ont approfondi la question de la noblesse, ont reconnu qu'elle n'était quelque chose que par les priviléges. Or, la déclaration de Louis XVIII et unique de la Nation ; et c'est surtout quand il s'agit de grâces, de faveurs, de dignités, d'illustration, qu'on ne peut contester le droit exclusif qu'il a de les conférer. On n'a point à craindre que son choix trompe jamais l'attente de la Nation, il a trop d'intérêt à l'honorer lui-même ; et l'exemple de l'Angleterre prouve assez que ce choix est toujours l'expression des suffrages publics. On ne peut pas fonder les mêmes motifs de sécurité sur les passions populaires si faciles à exalter et à égarer.

Qui doit nommer le Corps législatif?

La nomination au Corps législatif n'est pas une grâce et une récompense, comme la nomination au Sénat : c'est une mission qu'on reçoit

---

établit l'égalité des droits des citoyens, par conséquent il n'y a plus de noblesse.

Il y a cependant des familles privilégiées. Ce sont les anciennes maisons de France. Celles-ci n'ont pas besoin de titres pour être considérées ; dans des temps calmes, l'opinion de la Nation sera toujours pour elles ; leur grandeur fondée sur l'estime qu'on leur porte, est l'ouvrage du peuple lui-même, et résulte de son consentement unanime. Tous les peuples du monde ont respecté les anciennes familles.

Il semble même que les Républiques ont surpassé à cet égard les États monarchiques. Ceci est une noblesse d'un genre tout particulier, indépendante du prince, et qui a son origine dans le sentiment national.

de ceux qu'on représente, dont on a été à même de connaître les besoins, et dont on est chargé d'aller défendre et protéger les intérêts. Sans doute il faut ôter aux élections populaires instantanées, ce qu'elles ont de tumultueux et de corruptible par l'effet des passions et des intrigues qui les agitent ; ainsi il est juste de soumettre le choix des députés à une révision calme et désintéressée ; mais, comme l'objet principal des fonctions du Corps législatif, est de voter l'impôt, qu'il doit le proportionner aux besoins des peuples, comme aux besoins de l'Etat, il ne faut pas que le pouvoir qui a le plus grand intérêt à se rendre maître de ses opérations, soit celui qui ait la faculté de l'élire. Ce n'est donc pas au Roi, ce me semble, qu'elle doit être attribuée, mais au Sénat dont on ne peut trop d'ailleurs relever les fonctions, et qui est le juge constant de toutes les pensées et de tous les mouvemens qui ont la puissance populaire pour origine.

Si les Colléges électoraux nommaient seuls les membres du Corps législatif, il serait à craindre que cette assemblée, ne tenant ses pouvoirs que du peuple, se crût l'unique dépositaire de la volonté nationale, et ne mît aucune borne à ses entreprises. Mais si le Roi exerçait une influence directe sur les nominations, dès-lors le Corps législatif paraissant au peuple dans la dépendance du Prince, et par-là même privé de la popularité qui fait toute sa force, ne pourrait servir ni le Prince ni le peuple. Autant vaudrait-il qu'il n'existât pas.

Que le Roi laisse au Sénat le droit de choisir parmi les personnes présentées par les Colléges électoraux; ces deux inconvéniens disparaissent : et cette haute chambre prenant son rang dans la hiérarchie politique, se place comme intermédiaire nécessaire entre les représentans du peuple et le Monarque.

Qui ne voit que la puissance du Sénat tournera toute entière à la défense du trône, et que l'union des deux grands corps de l'Etat sera la plus ferme garantie de la sureté et de la tranquillité publique?

Le Sénat sera-t-il payé?

Il faut que la splendeur du Sénat soit en lui : sa place est si importante dans l'Etat, ses fonctions sont si hautes, son caractère doit être si pur, son influence si désintéressée, l'existence de ses membres si indépendante, que tout semble faire une loi de ne choisir les Sénateurs que parmi les hommes que leur fortune met à même de soulager l'Etat des dépenses qu'il serait obligé de consacrer à l'éclat de la représentation d'une pareille magistrature.

Le Parlement d'Angleterre qu'on ne paye pas, n'est-il pas assez populaire ? En soldant chez nous, ces fonctions élevées, il est clair que nous avions voulu que le mérite pauvre n'en fût pas écarté.

Le Corps législatif sera-t-il payé ?

Je me rappelle que lors de la création de la Légion-d'Honneur, on attaqua dans l'un des Corps législatifs, le mode de son institution, en disant qu'il pourrait arriver que *Montesquieu* n'y fût que caporal, et qu'il eût pour officier un tambour. Et je me rappelle également que quand l'Assemblée constituante eut décrété que, pour être électeur, il faudrait avoir une propriété dont le revenu fût au moins de la valeur de deux cents journées de travail, on objecta qu'à ce compte, *J.-J. Rousseau* n'aurait pas pu être électeur.

Eh bien! je crois que c'eût été là deux légers inconvéniens : des institutions peuvent être excellentes avec ces défauts, et elles sont d'autant meilleures, que de tels défauts ne leur font rien du tout : leur mérite est d'aller parfaitement par le moyen des hommes ordinaires, et de n'avoir nul besoin du secours des hommes de génie, sur lesquels il serait trop imprudent de compter. S'il se trouve des hommes dans le plus bas peuple, ne plions pas pour eux les principes. Le plus certain de tous paraît être qu'il ne faut pas donner à garder une chose à celui qui n'y a pas le moindre intérêt. La propriété étant l'objet principal de chacun, c'est à ceux qui en jouissent qu'est naturellement dévolu le soin de veiller sur elle. Celui qui en manque est disposé à troubler tout pour changer de situation, et sera d'autant plus dangereux, que cette disposition sera secondée par de plus grands talens. Les hommes qui composaient l'Assemblée constituante, n'y furent pas envoyés avec l'espoir d'un salaire; vit-on jamais plus de lumières et de patriotisme? Ils n'auraient eu à se préserver que de l'excès; mais, l'expérience y a mis bon ordre.

Si donc nous voulons, dans le Corps législatif, une noble indépendance, un magnanime dévouement, des idées libérales, que ses fonctions soient gratuites.

Le Sénat sera-t-il héréditaire?

Pauvre, et nommé seulement à vie, ce serait pour le Sénat deux bons moyens d'être peu respecté. On ne s'attache point à ce qui va finir; on ne fonde aucune espérance sur ces grandeurs éphémères dont on peut déjà calculer le terme, et qui ne laisseront rien après elles. Limiter ainsi la durée de cette haute magistrature,

ture, c'est donner aux citoyens qui en sont revêtus, d'autres soins et d'autres intérêts que ceux qui doivent les occuper naturellement. Les Sénateurs *à vie* seront comme les Cardinaux, qui ne songeaient qu'à profiter du moment, à enrichir et placer promptement leurs neveux.

Les membres du Sénat sont les seuls hommes de la Nation vraiment privilégiés. L'importance de leurs fonctions, le droit d'y succéder, la puissance, les richesses, les mettent bien au-dessus des autres citoyens. Il faut leur donner le plus grand intérêt à conserver des prérogatives nécessaires, mais que la jalousie publique met toujours en danger. L'hérédité d'ailleurs, est favorable au maintien de l'esprit de corps et à la conservation de certaines maximes, à l'aide desquelles il se soutiendra contre l'inquiétude naturelle et les entreprises turbulentes de la partie démocratique du Gouvernement.

Un sénat amovible serait plus attaché à l'homme qu'à l'Etat ; un Sénat héréditaire tiendra plus à la dynastie qu'à l'homme, plus à l'Etat qu'au Prince. Le premier changera de principes au gré du Monarque ; le second sera constant dans ses maximes (1), sou-

---

(1) Les Pairs nommés par Cromwell restèrent au

tiendra l'esprit de la monarchie contre le peuple, et s'il le faut, contre le Roi lui-même (1). Celui-là se hâtera de jouir d'un pouvoir qui ne restera point dans sa famille; celui-ci ne songera qu'à le transmettre plus ferme et plus indépendant à sa postérité. Le peuple ne respectera point un Sénat amovible; le peuple et le Prince seront pleins de respect pour un Sénat héréditaire. Un tel corps est un rempart pour la monarchie, et une digue contre le despotisme et la démagogie.

Le nombre des Sénateurs sera-t-il limité?

Quelle pourrait être la raison de limiter le nombre des sénateurs, dès que ce corps ne coûte rien à l'Etat? Mais il y en a de très-fortes, ce me semble, pour qu'il ait la faculté

---

sénat anglais, où leurs descendans siégent encore; ils ne sont pas plus favorables que les autres au parti de l'opposition.

(1) Il y a des temps où le Prince, entraîné par la tendance naturelle vers le pouvoir absolu, ou par la terreur des circonstances, s'unit au parti le plus impétueux, force les barrières pour sortir d'embarras, ou faire faire un pas de plus à son autorité. (C'est le parti que prit Henri III, quand il se déclara le chef de la ligue). Il n'est plus alors qu'un chef de démagogues. Ceux qui, connaissant le danger, ont le pouvoir de l'arrêter dans ces circonstances, sont vraiment alors plus royalistes que le Roi, et c'est un grand bonheur pour l'Etat et pour lui.

de s'accroître indéfiniment. Je vois d'un côté 30 millions d'hommes que représentent trois cents propriétaires importans, lesquels peseront d'un poids énorme dans la balance ; de l'autre, j'aperçois le souverain environné de tout le cortége des grandeurs et des prérogatives qui donnent tant d'éclat et de véritable puissance à la majesté royale ; on ne saurait doter conséquemment de trop de force et d'appui le Sénat obligé de maintenir sa prépondérance entre des forces si imposantes.

Je voudrais que le nombre des membres du Sénat fût au moins double de celui des membres du Corps législatif, et que la dignité sénatoriale passât aux branches collatérales, après l'extinction de la branche directe. Alors les familles sénatoriales étendraient leurs ramifications sur tout le royaume, s'uniraient en vue de leurs intérêts communs, balanceraient l'influence des députés au Corps législatif, et contiendraient le peuple dans une réserve salutaire.

Chaque représentant du peuple parti d'un point de la surface immense de l'Empire, vraisemblablement connaît bien la situation de cette partie : cela forme une collection de notions particulières très-propre à éclairer

Qui proposera les lois?

quand il en sera temps, la pensée du Gouvernement ; mais cette pensée, où réside-t-elle? Où peut-elle naître? Dans cette autorité, sans doute, qui seule occupe le centre, qui voit tout et à la distance convenable ; qui pèse, compare, juge les besoins, et propose en conséquence tout ce qu'elle croit utile au bien général. Chacun en particulier a vu de trop près ce qui le concerne, il est trop blessé des maux, des inconvéniens qu'il éprouve ; trop peu affecté de ceux qui touchent les autres ; trop peu disposé à leur faire des sacrifices. Encore un coup, il faut tout voir, et le Roi seul est placé convenablement pour cela. Il est des maux réels qu'on doit négliger pour courir à de plus graves ; il est aussi des inconvéniens moindres que tout ce qu'on pourrait mettre à leur place ; c'est au Roi qu'appartient, ce me semble, le jugement de toutes ces choses, et conséquemment l'initiative des lois : mais parce qu'il a le plus grand intérêt à être bien informé, il paraît convenable que le Corps législatif et le Sénat lui-même, ayent un *Droit de Supplique,* par lequel ils font parvenir jusqu'au trône l'expression des besoins du peuple, et le vœu qu'il leur soit proposé des mesures pour y subvenir.

Le Roi propose donc ; le Corps législatif examine, le Sénat juge ; le Roi sanctionne.

Il est de l'essence de l'autorité législative de se corrompre plus vîte que le pouvoir exécutif. Formée d'élémens nombreux très-mélangés, ses passions sont si vives, ses attaques si soudaines, il risque si peu à changer de nature, ses écarts ou ses prétentions peuvent devenir si exagérés, que pour que le pouvoir exécutif n'use pas ses forces à l'épier et à se défendre, il faut qu'il ait le droit de dissoudre le Corps législatif. Ce droit n'a rien de dangereux, si ses délibérations ont été publiques, et si un autre Corps législatif est immédiatement rassemblé ; car, ou les griefs du précédent étaient réels et graves, et dans ce cas ils sont infailliblement reproduits par le suivant, ou ils étaient imaginaires et vétilleux, l'esprit de corps et de parti seul leur donnait de l'importance, et il faut mettre fin à ces tracasseries. L'inconvénient d'un tel parti n'a rien de comparable avec le danger de perpétuer une lutte dont le scandale est déjà une plaie de la patrie, et dont le terme ne peut être que l'affaiblissement de l'un de ces pouvoirs, destinés à rester en équilibre.

Le Roi pourra-t-il dissoudre le Corps législatif ?

Le droit qu'ont les membres du Sénat d'être jugés dans leur chambre, dérive indispensablement du principe ; qu'*On ne peut être jugé que par ses pairs.* Il a déjà été

Qui jugera les membres du Sénat en cas de forfaiture ?

dit que les Sénateurs étant les seuls privilégiés de la Nation, n'ont d'égaux que dans leur corps : et cette circonstance seule, en les exposant à la malveillance de ceux qui sont audessous d'eux, peut les mettre en péril.

Qui jugera les membres du Corps législatif?

Quant aux membres du Corps législatif, on voit que tant que durent leurs fonctions, ils sont aussi d'un ordre distingué des autres citoyens, et doivent jouir alors des priviléges réservés à cette distinction; et si, après la cessation de leurs fonctions, ils se trouvaient dans le cas d'être poursuivis pour faits résultans de ces mêmes fonctions, il est évident qu'ils ne peuvent être jugés que par le Corps législatif, ou par le Sénat; car il n'y a point d'inconvénient à investir de ce droit la chambre haute.

Qu'est-ce que la responsabilité ministérielle?

La personne royale étant nécessairement inviolable, par le respect que les usages et les loix doivent tendre à lui concilier, et parce qu'il ne tiendrait qu'au premier séditieux de paralyser à tout moment la machine politique par une accusation, et parce qu'enfin, il est impossible, et contre la nature des choses, que le Roi veuille le mal, ce sont ceux qui le lui suggèrent et le trompent que doit punir la loi; il a donc fallu reporter sur les agens secondaires la *responsabilité*, sauvegarde de la liberté et de la sureté publique. Elle est là, tout aussi efficace, puisque le Roi ne peut agir légalement sans le concours et le contre-seing d'un ministre : c'est à celui-ci à ne pas se compromettre.

Si le cas arrive, tout individu instruit d'un attentat aux lois, peut le déférer à l'animadversion publique; mais c'est au Corps législatif à en accuser légalement l'auteur devant la chambre haute, à qui doit être réservé le droit de le juger.

La chambre haute peut informer aussi, mais doit renvoyer au Corps législatif pour examiner s'il y a infraction aux lois, puis elle ordonne à celui-ci de porter devant elle son accusation : il serait contraire à la justice qu'un fonctionnaire pût être accusé et jugé dans la même chambre, et contraire à la hiérarchie du pouvoir et des dignités, que ce fût la chambre haute qui accusât et que l'autre chambre eut le droit de juger.

Une commission protectrice de la liberté individuelle, placée dans le seul corps qui soit privilégié en France, ne peut être pour les autres citoyens une sentinelle assez vigilante et assez intéressée à la garde du dépôt qui lui est

Y aura-t-il une commission de la liberté individuelle au Corps législatif?

confié. Pour ce corps seulement, le danger commun n'existe pas; comment excitera-t-il toute sa sollicitude ? Ainsi, sa sauvegarde ne suffit pas à notre sécurité.

Je ne citerai pas, pour appuyer ces assertions, ce qui vient de se passer chez nous. Sous l'autorité d'un homme tel que Bonaparte, les lois dorment, et les magistrats sont frappés de torpeur; mais dans tous les temps, la possibilité de ce double danger suffit pour ôter à la société toute confiance et tout repos.

Une commission de la liberté individuelle paraît donc devoir être indispensablement formée au sein du Corps législatif, de même qu'au Sénat. Mais comme il faut éviter, même dans le bien, ce qui tend à l'excès et peut donner lieu à d'indiscrètes tracasseries, à porter la mésintelligence et l'inquiétude entre les pouvoirs, il conviendrait peut-être qu'elle n'eût le droit d'exercer seule que les informations relatives à ses attributions, et qu'elle eût besoin de l'appui et du concours de la commission sénatoriale, pour former ses réclamations auprès du pouvoir exécutif.

Quelles sont les limites de la liberté de la presse?

Le peuple ne se méfie que de ce qu'on lui cache; il ne se tourmente que de ce qui est mystérieux; son inquiétude vient de ce qu'on le traite comme suspect. Voulez-vous le rendre impassible, désintéresser et lasser sa curiosité, fortifier sa raison et sa modération ? Laissez tout dire. La plus grande publicité n'est encore que l'équivalent du plus profond et impénétrable secret, si l'on était sûr de l'obtenir. Ce n'est pas parce que les Anglais ont plus de force d'esprit que rien ne leur est dangereux, mais c'est parce qu'on les accoutume en tout temps, à tout, que rien n'émeut ces tempéramens robustes. C'est Mithridate avalant impunément des poisons.

Les esprits s'échauffent-ils, exposez l'état vrai des choses. Quel poids n'a pas la raison dans la bouche d'un prince connu pour laisser libres toutes les vérités, et qui a pour lui conséquemment la confiance et l'amour que concilie cette noble disposition !

Mais cette liberté néanmoins, n'a-t-elle point de bornes ? Pas plus, ce me semble, que la liberté de parler, d'agir.... On ne consigne point un homme tous les matins chez lui, de peur qu'il ne frappe ou n'injurie dans la rue ; Il faut qu'un tel délit ait été commis pour qu'on songe à le punir. Les effets de la pensée ont-ils quelque chose de plus funeste ou de plus pressant ?

Il est pourtant un cas unique où je sens qu'il

est indispensable de prévenir la publication de la pensée. C'est celui où le Gouvernement étant en danger, on aurait à craindre la provocation aux séditions, à la révolte; mais alors l'Etat n'a de règle que la nécessité et adopte toutes les mesures que dicte son salut.

Quant aux attentats contre la sureté publique, que l'action trop lente de la loi ne peut ni prévenir, ni empêcher, il est clair que le prince doit être investi d'une dictature momentanée et spéciale. La Constitution doit donc statuer sur cet objet. Si elle gardait le silence, le pouvoir exécutif n'aurait d'autre moyen pour défendre l'Etat, que d'agir de son propre mouvement; c'est pour empêcher ces entreprises arbitraires, toujours dangereuses, même quand elles ont en vue le bien public, que la constitution d'Angleterre permet, en certain cas, la suspension de la loi *Habeas corpus*, et je pense qu'en ceci, nous devrions suivre l'exemple de nos maîtres en législation.

Les Tribunaux auront-ils la présentation de leurs membres?

La puissance de juger si terrible parmi les hommes, ne veut pas seulement être confiée aux plus purs d'entre eux, il faudrait encore qu'ils en fussent les plus indépendans, sans quoi ils cesseront bientôt d'être purs. Si les tribunaux étaient entièrement justes et libres, il n'y aurait presque pas de mal possible pour la société, puisque tout le monde devant y être soumis, il n'y a pas de tort dont on ne pût avoir vengeance, pas de délit qui ne pût être enfin réprimé.

En attendant le moyen d'avoir des tribunaux entièrement intègres, ce qu'on peut espérer d'une meilleure organisation, et ce qui apparemment n'est pas chose facile, puisque de tout temps et en tout pays on s'est plaint de la justice, occupons-nous du moins de les rendre indépendans. Ce ne serait pas un bon moyen que d'en confier le choix exclusif à un seul pouvoir. Ce choix exige du retour, de la déférence, et le désir de s'élever peut, dans les degrés inférieurs, altérer quelquefois la rigueur des principes et faire fléchir les devoirs.

Cependant les dangers de l'esprit de Corps, ceux de l'attribution d'un privilége extraordinaire, défendent qu'on laisse au Corps judiciaire le droit de choisir ses membres. Mais comme ils sont meilleurs juges que personne des lumières et des vertus nécessaires à leur état, il est de toute convenance de leur accorder le droit de présentation de trois candidats, parmi lesquels le Roi en choisirait un.

Faut-il conserver le jury ?

Le jury est devenu cher au peuple, malgré quelques défauts dont je crois qu'il est possible de le purger. Le désir d'être jugé par ses pairs est chez tous comme un sentiment naturel. S'élever contre ce principe, semblerait blesser aujourd'hui ce qu'il y a de plus clair dans les notions que nous avons acquises par la réflexion, par l'exemple de nos voisins, et par l'expérience qui nous est propre.

En outre, comme dans un Etat où les pouvoirs sont balancés, le Corps judiciaire, uniquement occupé du soin de rendre la justice au peuple, ne peut et ne doit avoir aucune part au pouvoir législatif ou exécutif, cette magistrature jetée, pour ainsi dire, sans défense au milieu de la société, serait bientôt l'objet de l'animadversion publique, si la création d'un jury temporaire, tiré du sein du peuple même, n'était chargé du soin de prononcer sur l'innocence ou la culpabilité des prévenus. Par ce moyen, le magistrat, impassible comme la loi dont il fait l'application, ne peut être accusé de partialité ou d'injustice ; et comme le jury se dissout immédiatement après qu'il a rempli ses fonctions, la main qui a frappé le coupable, reste inconnue. Sous ce point de vue aussi, l'institution du jury est d'une utilité manifeste.

Il offre encore d'autres avantages. Le citoyen appelé à prononcer sur la liberté, la vie ou l'honneur de ses compatriotes, s'instruit des lois de son pays, connaît mieux ses devoirs, et sent plus vivement les bienfaits d'une législation libérale et protectrice.

Mais je ne partage pas l'opinion de ceux qui veulent que les débats en matière criminelle, soient rendus publics. L'institution du Jury est une garantie suffisante pour les droits de l'accusé. La publicité des débats, entre mille inconvéniens, a celui d'instruire la dernière classe du peuple, qui remplit presque toujours les salles des tribunaux, à violer toutes les lois et à se soustraire à leur juste rigueur. Je doute que cette école ait jamais corrigé les méchans; mais je tiens de gens sages et bien informés, que parmi les criminels qui prennent place sur le banc des accusés, on en remarque fréquemment qui n'ont cessé d'être spectateurs que pour s'offrir eux-mêmes en spectacle à la multitude.

Par qui doit être acceptée la Constitution ?

J'ai dit autre part, que « peu importait de qui » vînt une Constitution, pourvu qu'elle fût » bonne »; et cela est incontestablement vrai d'une Constitution en elle-même, sans viser à aucune application ; ce qui n'empêche pas néanmoins que la qualité de ses auteurs ne puisse lui concilier plus de respect. En effet, si l'on considère l'état présent de la France, on ne méconnaîtra pas combien il est préférable que le Roi lui-même donne cette Charte à la Nation. Qui peut lui être moins suspect que ce prince ? Son expérience, ses hautes lumières si bien reconnues, ses vertus et jusqu'à ses malheurs nous garantissent de sages lois. Le peuple ne lui contestera pas le pouvoir qu'il exerce. Je dirai plus ; l'acte qu'il présente aujourd'hui, engage à jamais non-seulement lui-même, mais sa famille et ses successeurs. Quelle autre autorité pourrait nous offrir une si nécessaire garantie ? L'accord qui règne entre les pouvoirs qui y ont coopéré, nous préserve aussi du malheur de voir traiter jamais cet acte important comme un ouvrage de circonssance, où la fausse position de ses auteurs aurait introduit respectivement des concessions contraires et à l'intérêt public, et à la dignité du trône. Félicitons-nous donc de ce que la Constitution de 1814 a la meilleure des origines.

Quant au mode de son acceptation, il est indiqué, ce me semble, par la nature même des choses. Le Roi, le Sénat, le Corps législatif, qui viennent d'y travailler de concert, se la présentent en quelque sorte mutuellement; il n'y a pas là, en apparence, d'acceptation complète et suffisante. Toutefois, réunir pour cet objet les Assemblées primaires, comme il a été fait en certain cas, n'est peut-être dans le moment actuel, ni nécessaire ni prudent. Mais si l'on doit remonter vers le peuple, pour approcher de plus près du vœu général, il convient de s'arrêter quelque part, et c'est là sans doute où commencent ses pouvoirs vraiment agissans. Les Colléges électoraux, qui connaissent, qui expriment le vœu de la Nation, et qui ont nommé le Corps législatif, sont les plus justes, comme les plus légitimes appréciateurs de ses travaux. La promulgation de l'acte constitutionnel dans leurs assemblées, réunit assurément tous les caractères de légalité et de popularité désirables.

Je sens bien qu'on peut concevoir des principes de constitution plus favorables à la liberté publique, que ceux qui sont exposés ici ; mais cet idéal d'un meilleur ordre de choses, induit en erreur ceux qui s'attachent aux abstractions plus qu'aux faits, et connaissent mieux les livres que les hommes.

On ne cessera de citer, d'après le plus grand de nos publicistes, la constitution anglaise comme le chef-d'œuvre de la législation. Cependant, si l'on considère que, défendus dans leur île par l'Océan, les Anglais, sans rien craindre pour leur sureté à l'extérieur, ont pu désarmer au-dedans le pouvoir qui tend sans cesse à soumettre tous les autres, on verra que dès-lors, la plus grande difficulté du problême d'une bonne constitution, était déjà résolue par le fait. Quel moyen aurait le prince d'y établir contre les lois, son autorité? Les forces maritimes ne servent point d'auxiliaires à qui ne peut sortir pour les commander.

Mais que pour contrebalancer chez nous la force militaire, dont le roi est nécessairement le chef, on laisse aux corps délibérans de l'Etat, trop de puissance et d'action dans le systême politique, cet excès d'influence tournera contre la patrie, en favorisant les intrigues de l'étranger, qui trouvera bientôt à se faire un parti dans le Gouvernement. L'opposition, en Angleterre, ne sera jamais soutenue par l'ennemi extérieur: en France, elle verrait ses prétentions incontinent appuyées par des armées qui pénétreraient jusqu'au cœur de l'Etat, et tout ensemble détruiraient amis et ennemis.

Les mêmes choses ne peuvent donc nous convenir.

Et c'est donc, selon le précepte de *Solon*,

moins ce qu'il y a de meilleur en soi, que ce qui est le plus convenable à notre situation politique et géographique, qu'il s'agit de trouver; c'est à quoi ceux qui s'occupent de notre Constitution sont merveilleusement capables de réussir : j'ai tâché d'en suivre après eux la voie, et d'aider mes concitoyens à la reconnaître. Puissé-je y avoir réussi !

Paris, 24 *Mai* 1814.

DE L'IMPRIMERIE DE PORTHMANN,
RUE DES MOULINS, N°. 21.

www.ingramcontent.com/pod-product-compliance
Ingram Content Group UK Ltd.
Pitfield, Milton Keynes, MK11 3LW, UK
UKHW032017260826
14628UKWH00006B/2533

9 782012 398030